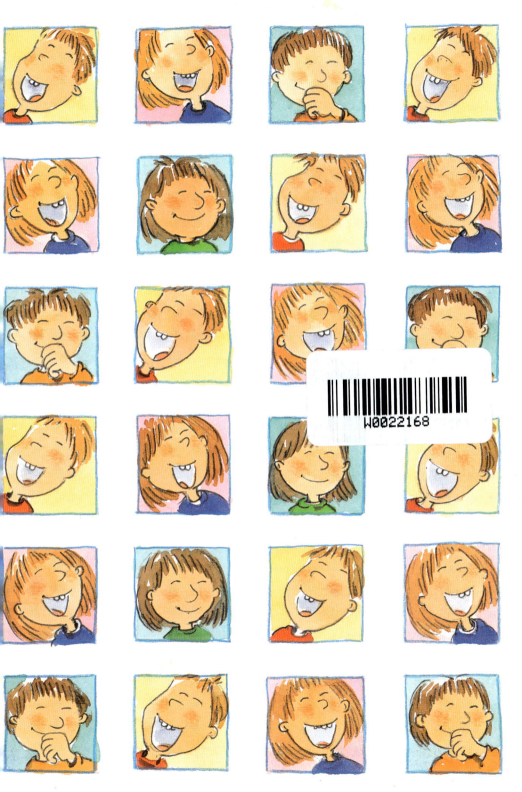

Hans Gärtner

Kinderwitze

Zeichnungen von Dorothea Tust

Mix
Produktgruppe aus vorbildlich
bewirtschafteten Wäldern und
anderen kontrollierten Herkünften

Zert.-Nr. IC-COC-100059
www.fsc.org
© 1996 Forest Stewardship Council

ISBN 978-3-7855-5516-3
3. Auflage 2009
© 2000, 2005 Loewe Verlag GmbH, Bindlach
Umschlagillustration: Heribert Schulmeyer
Reihenlogo: Angelika Stubner
Printed in Germany (017)

www.leseleiter.de
www.loewe-verlag.de

Inhalt

Witze, die sich gewaschen haben ... 9

Mit Oma könnt ihr das ja machen! ... 14

Das kann ja heiter werden 20

Wie sie heißen, was sie sind 22

Kommt ein Nilpferd in die Kneipe ... 26

Gut aufgelegt mit Herrn Zangerle ... 32

„Herr Doktor, hier tut's weh!" 36

Unterwegs – nicht nur auf Rädern ... 41

Immer Ärger mit den Lehrern 45

Lach dich tot bis an das Ende! 51

Witze, die sich gewaschen haben

Wozu denn?

Jochen spielt Klavier. Die Mutter entdeckt seine schmutzigen Finger.
„Du hättest dir wenigstens die Hände waschen können, Junge!", ruft sie verärgert.
„Wozu denn?", fragt Jochen. „Ich spiele sowieso nur auf den schwarzen Tasten ..."

Unterhaltung am Mittagstisch

„Mama, gestern hat unsere Lehrerin den Edi heimgeschickt."
„Warum denn?"
„Weil er sich nicht gewaschen hatte."
„Und? Hat es etwas genützt?"
„Ja! Heute haben sich schon sieben aus unserer Klasse nicht gewaschen!"

Vergesslich!

„Warum hat Mutter mit dir geschimpft?",
fragt Oliver seine Schwester.
„Weil ich mich nicht gewaschen habe",
antwortet diese.
„Woran hat sie das denn gemerkt?", will
Oliver wissen.
„Ich hab vergessen, Seife und Handtuch
nass zu machen."

Nur nicht übertreiben!

In der Deutschstunde fragt die Lehrerin:
„Du wirst baden, er wird baden, sie wird
baden ... – welche Zeit ist das?"
Ronny überlegt nicht lange und antwortet:
„Allerhöchstens Samstagabend."

Kurzhaarfrisur

„Schau mal", sagt Sabine zu ihrer kleinen Schwester, „ich hab mir jetzt die Haare ganz kurz schneiden lassen, damit ich mich morgens nicht mehr so lange kämmen muss."
Darauf die Schwester: „Schön dumm von dir, Sabine! Dafür musst du dir jetzt jeden Morgen den Hals waschen!"

Das Wasser

Lehrer: „Anton, nenn mir bitte eine Eigenschaft des Wassers!"
Anton: „Wenn ich mich damit wasche, wird es schwarz."

Guter Rat

Oma: „Bevor du in die Schule gehst, solltest du dir die Hände waschen, Karin!"
Karin verzieht das Gesicht und sagt: „Wozu das denn, bitte? Ich melde mich doch sowieso nicht!"

Mit Oma könnt ihr das ja machen!

Nette Einladung

Oma wird von der Familie ihres Sohnes in letzter Zeit öfter zum Nachmittagskaffee eingeladen. Vielleicht, so denkt man in der Familie, rückt Oma dann eher mit ihrem vielen Geld heraus ...
Eines Tages sitzen alle mal wieder um den reich gedeckten Kaffeetisch. Oma fühlt sich sichtlich wohl.
Da geht die Tür auf und der Jüngste kommt, sieht die Oma und ruft: „Omi, steh doch bitte mal kurz auf. Papi sagt immer, dass du auf deinem Geld sitzt!"

Nur eine Minute

Oma geht in die Bahnhofshalle. Sie möchte sich eine Zeitung kaufen. Da sieht sie einen gut gekleideten Herrn auf sich zukommen. Sie spricht ihn an: „Ach, könnten Sie bitte eine Minute auf meinen Koffer achtgeben?"
Der Herr entgegnet entrüstet: „Erlauben Sie, ich bin Bankdirektor!"
Oma: „Das macht gar nichts! Ich habe trotzdem Vertrauen zu Ihnen."

Die passenden Schuhe

Oma im Schuhladen. Die Verkäuferin bemüht sich, Oma, die schon sieben, acht Paare probiert hat, gut zu bedienen. „Fräulein", ruft Oma plötzlich begeistert, „das hier sind die ersten Schuhe, die richtig passen!"
Die Schuhverkäuferin kommt angelaufen und bemerkt: „Kunststück, gnä' Frau! Es sind keine Schuhe, die Sie anprobieren, es sind die Schuhkartons!"

Ersparnis

„Oma hat in letzter Zeit nichts als ihr Auto im Kopf!"
„Na, ist doch Spitze! Da spart sie sich die Garage!"

Zum Steinerweichen

Fridolin hat sich die rechte Hand aufgeschürft. Blut fließt. Er weint zum Steinerweichen.
Die Oma tröstet ihren Enkel: „Der liebe Gott heilt das ganz, ganz schnell!"
Fridolin hört zu weinen auf, schluchzt und sagt: „Muss ich rauf oder kommt er runter?"

Nie mehr zu Oma

Heinrich-Isidor beschwert sich bei seinen Eltern: „Also, dass ihr's wisst: Zu Oma gehe ich nie mehr!"
„Wieso denn? Warum denn? Was ist denn los?", wollen die Eltern wissen.
Heinrich-Isidor erklärt: „Oma sitzt den ganzen Tag auf dem Sofa und hat überhaupt nichts an."
„Hat überhaupt nichts an – was soll das heißen, Heinrich-Isidor?", fragt der Vater entsetzt und die Mutter macht ein ernstes Gesicht.
„Soll heißen: Oma hat überhaupt nichts an – weder einen Fernseher, noch ein Radio, noch einen Kassettenrekorder!"

Rotkäppchen

Babsi ist bei der Oma zu Besuch und führt sich wieder einmal recht ungezogen auf.
„Babsilein", sagt die Oma, „kleine Mädchen müssen brav sein, sonst geht es ihnen wie dem Rotkäppchen. Du weißt doch, das hat der Wolf gefressen."
„Ja, ich weiß", antwortet Babsi und grinst ganz frech. „Aber zuerst hat er sich ja die Großmutter geschnappt!"

Das kann ja ...

 Meine Tante fährt Traktor,

Unsere Postbotin rennt wie der Blitz,

 Eine Marktfrau spricht nie leise,

Meine Schwester badet nur samstags,

Unsere Zeitungsfrau schwitzt,

Eine Wasserratte atmet kräftig durch,

Unsere Nachbarin schimpft,

Eine Radfahrerin hält sich die Augen zu,

Verbinde die Hauptsätze oben mit den Nebensätzen auf der rechten Seite, wie es dir gefällt. Es ergeben sich witzige Geschichten.

heiter werden

weil sie nichts anderes gelernt hat.

weil ihr Vater immer dagegen war.

weil sie ein Donnerwetter fürchtet.

weil sie dabei an ihren Freund denkt.

weil sie sich keine Panne erlauben darf.

weil ihr nichts anderes übrig bleibt.

weil ihr Sand ins Auge geflogen ist.

weil sie nicht verheiratet ist.

weil ihr sonst schlecht wird.

Wie sie heißen, was sie sind...

Manche Leute könnten gar keinen passenderen Namen haben – sieht man sich ihren Beruf an:

Dorothea Windler,
Hebamme

Traute Münzinger,
Bankangestellte

Eberhard Zug,
Eisenbahner

Franz Himmelstoß,
Pfarrer

Harry Hacker,
Computerfachmann

Joachim Haserer,
Kaninchenzüchter

Achim Schindlbeck,
Dachdecker

Friedemann Weindl,
Bierfahrer

Melinda Mehl,
Bäckerin

Christian Kicherer,
Clown

Dr. Karin Zangerle,
Zahnärztin

Josef Rindfleisch,
Metzgermeister

Prof. Dr. Hartmut Denk, Philosoph

Henning Platsch, Bademeister

Marianne Eiler, Postbotin

Florian Wiesheu, Landwirt

Resi Morgen, Zeitungsausträgerin

Bruno Schwach, Starkstromtechniker

Fritz Kaltwasser, Heizungsbauer

Melanie Plapperer, Moderatorin

Jobst Brummer,
Opernsänger

Hermann Gramm,
Schwergewicht-Sportler

Gerhard Loch,
Schneider

Meinolf Grob,
Feinkosthändler

Marieluise Leer,
Lehrerin

Wendelin Kurz,
Langstreckenläufer

Hör und schau dich nach ähnlich lustigen Namen um!

Kommt ein Nilpferd in die Kneipe

Hohe Preise

Kommt ein Nilpferd in die Kneipe. Bestellt ein Bier.

Der Wirt staunt: „Jetzt mach ich diesen Laden hier seit zwanzig Jahren, aber so etwas ist mir noch nicht passiert!"

Das Nilpferd: „Bei diesen Preisen wird Ihnen das so schnell auch nicht wieder passieren!"

Wer's glaubt ...

„Unser Hund lügt wie gedruckt!",
behauptet Fritz. Hans glaubt ihm nicht.
Fritz: „Ich kann es dir beweisen ... Struppi,
wie macht die Katze?"
„Wau! Wau!"
„Siehst du?"

Im Schneckentempo

Eine kleine Schnecke erhält von ihrer
Mutter den Auftrag, zwei Becher Joghurt
einzukaufen. Sofort macht sich die kleine
Schnecke auf den Weg. Sie ist stunden-
lang unterwegs. Endlich kehrt sie zurück
und fragt: „Mit oder ohne Früchte?"

Irres Tempo!

Zwei Spatzen auf der Wiese. Über ihnen ein Flugzeug. Sagt der eine zum anderen: „Der große Vogel da oben hat ein irres Tempo drauf, was?"
Erwidert der andere: „Was denkst du denn, wie du fliegst, wenn dir Schwanz und Flügel brennen!"

Auf dem Bauernhof

Auf dem Bauernhof proben die Tiere den Aufstand. Denn die Kuh bekommt zu wenig Futter und der Hof wird schlampig geführt.
„Ich zische ab", sagt die Kuh zur Ziege.
„Da geh ich gleich mit", meckert diese, „denn ich darf ja nicht einmal mehr meckern hier!"
Rennt das Schwein auf die beiden zu.
„Komm doch mit, Schwein! Wir hauen ab! Das ist doch kein Leben hier, oder?"
Grunzt das Schwein: „Ich bleibe. Einen solchen Saustall wie hier findet man so schnell nicht wieder!"

Ameisenbegräbnis

Eine Kuh lässt auf der Weide etwas fallen. Klatsch!
Unter dem „Etwas" wird eine Ameise begraben. Nach einigen Stunden hat sich das fleißige Tierchen frei gearbeitet, taucht hoch und meint: „Frechheit! Und auch noch mitten ins Auge!"

Schon möglich

Treffen sich zwei Würmer in einem Stück Käse. Sagt der eine Wurm zum anderen: „Haben wir uns nicht erst gestern in einem Apfel gesehen?"
„Schon möglich", erwidert der andere, „gestern hatte ich meinen Obsttag."

Schönes Kerlchen

Sagt die Kundin in der Tierhandlung zum Papagei: „Na, schönes Kerlchen, kannst du auch schön sprechen, hm?"
Antwortet der Papagei: „Na, schönes Mädchen, kannst du auch schön fliegen, hm?"

Gut aufgelegt mit Herrn Zangerle

Gewisses Örtchen

Der Herr Zangerle kommt nach München.
Dort muss er ein gewisses Örtchen
aufsuchen, mitten in der Innenstadt.
Fragt der Herr Zangerle die Klofrau: „Na,
wie geht denn heute das Geschäft?"
Die Klofrau schaut ihn mit zugekniffenen
Augen an und sagt: „Nicht so gut wie in
der Zwetschgenzeit!"

Ein bisschen Grau

Zangerles Hund Bobby ist entlaufen. Herr Zangerle rennt zur Polizei.
„Beschreiben S' den Hund, bitte!", wird Herr Zangerle aufgefordert. „Größe?"
„Ja, nicht gerade klein, aber auch nicht gerade groß ..."
„Farbe?"
„Ja, nicht nur braun, auch ein bisschen schwarz und ein bisschen weiß und ein kleines bisschen grau ..."
„Das wird schwierig", meint der Polizist.
Zangerle daraufhin eifrig: „Bobby heißt er. Und ... und ... und wenn man ihn ruft, kommt er nicht!"

Bitte füttern!

„Herr Zangerle, Herr Zangerle!", rufen Leni und Britta ihrem Nachbarn im Treppenhaus nach. Der Herr Zangerle dreht sich um. Da hört er die beiden Mädchen sagen: „Bitte, Herr Zangerle, spielen Sie mit uns Zoo. Bitte, bitte! Wir sind die Affen." Der Herr Zangerle ist ein bisschen verwirrt. Er fragt: „Und was soll ich dabei spielen?" Die Mädchen: „Den netten alten Tierpfleger, der uns mit Schokolade füttert."

Ein Volldepp

Zangerle muss vor Gericht, auf die Anklagebank.
Der Kläger zeigt auf Zangerle und sagt zum Richter: „Sie, Herr Richter, der da hat mich einen Volldeppen genannt!"
„Stimmt das, Angeklagter?", fragt der Richter Herrn Zangerle.
Nach kurzer Überlegung sagt dieser: „Ich nehme meine Behauptung zurück, Herr Richter. Es gibt ja auf dieser Welt nichts Vollkommenes."

Schularzt-Untersuchung

Die Schülerinnen und Schüler stehen in der Reihe an.
An Fred richtet der Schularzt die Frage:
„Hast du eigentlich Probleme mit den Ohren, mein Junge?"
„Ja, Herr Doktor. Immer wenn ich meinen Pullover anziehe ...!"

Die Spritze

Lorenz, der jüngste der Familie, muss geimpft werden. Die Sprechstundenhilfe bemüht sich, Lorenz zu beruhigen. Der Junge aber hält nicht still. Er sträubt sich gegen das Einstechen der Nadel.
Schließlich ist es der Ärztin gelungen, den Jungen zu impfen. Sie fragt ihn: „Weißt du denn überhaupt, wogegen du geimpft wurdest?"
Lorenz: „Natürlich weiß ich das. Gegen meinen Willen!"

Absolute Ruhe

Arzt: „Frau Finkbein, Ihr Mann muss absolute Ruhe haben. Hier ist ein Schlafmittel!"
Frau Finkbein: „Wann soll ich's ihm denn eingeben?"
Arzt: „Überhaupt nicht! *Sie* sollen's einnehmen."

Vermutung

Zu einem berühmten Arzt kommt Verwandtschaftsbesuch. Jeder möchte einen guten Rat.
Die kleine Nichte will wissen, ob Fische gesund sind.
„Vermutlich ja", sagt der berühmte Arzt, der oft sehr zerstreut ist. „Sonst wären schon welche in meine Praxis gekommen."

Beim Augenarzt

„Ich brauche eine Brille, Herr Doktor!"
„Kurzsichtig oder weitsichtig?"
„Durchsichtig."

Im Krankenhaus

„Das muss ja entsetzlich wehgetan haben, als Sie herunterfielen", bedauert der Arzt den Patienten mit dem Gipsbein im Bett.
„Weniger das Herunterfallen, Herr Doktor, als das Untenankommen."

Beim Hausarzt

„Was ich Ihnen raten möchte, Herr Müller: Schlafen Sie möglichst oft bei offenem Fenster!", sagt der Arzt zum Patienten. Eine Woche später fragt er ihn: „Na, Herr Müller, fühlen Sie sich besser? Sind Sie Ihre Wehwehchen losgeworden?"
„Nein, Herr Doktor, nur meinen teuersten Teppich, die Brieftasche und den Schmuck meiner Frau."

Bei der Zahnärztin

„Ich muss dir heute drei Zähne ziehen, Waldemar", sagt Frau Peinlich.
Waldemar: „Wie lange wird das dauern?"
„Na, vielleicht eine halbe Stunde."
Darauf Waldemar: „Dann ziehen Sie mal. Inzwischen geh ich eine Cola trinken."

Unterwegs – nicht nur auf Rädern

Umsonst

Ein Taxifahrer wird angesprochen: „Was kostet eine Fahrt zum Bahnhof?"
Taxifahrer: „Zehn Euro."
„Und die beiden Koffer?"
„Die kosten nichts."
„Also, dann fahren Sie bitte meine Koffer zum Bahnhof! Ich geh zu Fuß."

Benjamin will's wissen

Sonntagnachmittag. Familienausflug in den Zoo. Vor dem Gehege der Kamele: „Wer ist denn nun der Kamelvater und wer ist die Kamelmutter?", fragt Benjamin. Die Mutter gibt zur Antwort: „Merk dir, Junge, das größere Kamel ist immer der Vater!"

Im Bus

Ein Schüler fährt im Bus von der Schule nach Hause. Ein älterer Herr sitzt ihm gegenüber. Er macht ein mürrisches Gesicht.
„Soll ich Ihnen einen Lehrerwitz erzählen?", fragt der Schüler den älteren Herrn.
„Mein Junge", sagt dieser, „ich mache dich darauf aufmerksam, dass ich der Schulrat bin!"
„Macht gar nichts", sagt der Schüler, „ich erzähle ihn ganz langsam!"

In München

Ein Herr vom Land fragt im Stadtbus seinen Nachbarn: „An welcher Haltestelle muss ich aussteigen – zum Königsplatz?"
Kriegt der Herr vom Land zur Antwort: „Richten Sie sich nur nach mir! Sie müssen zwei Haltestellen vor mir raus."

Aufgehalten

Ohne Licht fährt der Seppi auf seinem Fahrrad in der Stadt; es ist schon fast dunkel.
Ein Polizist hält ihn auf und fragt ihn: „Wie heißt du?"
Seppi, lässig: „Josef Schlickermeier."
Polizist: „Und dein Alter?"
Seppi, kurz: „Auch Schlickermeier."

Kurzes Diktat

Der Vater regt sich auf: „Wie ist denn das möglich: sechzehn Fehler in diesem kurzen Diktat ...!?"
Bastian, ganz ruhig: „Das liegt bloß an der neuen Lehrerin. Die sucht wie verrückt."

Selten gut

Lehrerin zur Schülerin: „Die Vorsilbe ‚un' bedeutet selten etwas Gutes. Denk nur mal an Wörter wie unruhig, unbeholfen, unfreundlich!"
Schülerin zur Lehrerin: „Ich weiß noch ein Beispiel: Unterricht ..."

Im Biologieunterricht

Prüfung in Biologie. Auf dem Tisch steht ein halb zugedeckter Käfig. Nur die Beine des Vogels sind sichtbar.
„Wie heißt dieser Vogel?", fragt der Lehrer.
„Weiß ich nicht!"
„Wie heißen Sie?"
„Raten Sie mal!", sagt da der Schüler – und zieht seine Hosenbeine hoch.

Im Religionsunterricht

„Was kommt nach der Ewigkeit?" Wie aus einem Munde tönt es aus den letzten Reihen: „Amen."

Wer sitzt wo?

„Beschreibe mal die Wirbelsäule", bittet der Lehrer die kleine Martina. Sie ist ratlos. Der Lehrer hilft ihr: „Fang einfach oben an und hör unten auf!" Martina weiß jetzt Bescheid und sagt: „Oben sitzt der Kopf und unten ... unten sitze ich."

Im Deutschunterricht

Aufsatzthema ist, über jeden Tag der Woche etwas zu erzählen.
Detlef, der Sohn eines Jägers, schreibt: „Am Montag ging ich mit meinem Vater auf die Jagd. Er schoss einen Rehbock. Das gab Fleisch für Dienstag, Mittwoch, Donnerstag, Freitag, Samstag und Sonntag."

Mein schönstes Ferienerlebnis

Dieter schreibt einen Aufsatz über sein schönstes Ferienerlebnis: „Wir sind mit Papas neuem Auto von Bindlach nach Hamburg gefahren. Es war großartig! Wir haben drei Trottel, sieben Idioten, fünf blöde Affen, zwölf alte Ziegen und an die zwanzig Armleuchter überholt."

Schlecht frisiert

Lehrer zum Schüler: „Schon wieder kommst du ungekämmt in den Unterricht!"
Schüler zum Lehrer: „Hab leider keinen Kamm."
Lehrer zum Schüler: „Dann nimm den von deinem Vater!"
Schüler zum Lehrer: „Der hat aber eine Glatze."

Welcher Fall?

Herr Löffler, der Deutschlehrer, möchte von Charlotte wissen: „Was ist das für ein Fall, wenn du sagst: Das Lernen macht *mir* Freude?"
Charlotte muss nicht lange überlegen.
„Ein seltener, Herr Löffler."

Im Hörsaal

Ein Professor der Medizin beginnt mit der Vorlesung.
Meldet sich ein Student ganz vorne im Hörsaal: „Sie wollten doch heute über das Gehirn sprechen, Herr Professor!"
Der Herr Professor schaut von seinem Lesepult auf und sagt: „Ein anderes Mal, Gerber! Heute habe ich was ganz anderes im Kopf."

Vor Gericht

„Sie müssen alles tun, Herr Rechtsanwalt, damit ich nicht zu lange hinter Gitter komme", fleht der Angeklagte. „Wenn Sie es schaffen, dass ich nur zwei Monate bekomme, zahle ich Ihnen ein Extra-Honorar von 5000 Euro!"
Am Ende der Verhandlung wird der Angeklagte tatsächlich zu zwei Monaten Gefängnis verurteilt.
Erleichtert atmet der Rechtsanwalt auf und sagt zu seinem Schützling: „Ich kann Ihnen sagen, das war harte Arbeit. Wollte Sie doch der Richter glatt freisprechen!"

Auf der Straße

Herr Professor Grünebein geht – wie immer zerstreut – über die Straße. Beinahe wäre er von einem Radfahrer angefahren worden.
„Haben Sie mich denn nicht klingeln hören?", fragt der Radfahrer.
„Doch, doch!", gibt Herr Professor Grünebein zu. „Aber ich dachte, es sei das Telefon."

Auf dem Bauernhof

Ein Futtermittel-Vertreter erscheint. Er fragt den kleinen Bauernbuben: „Wo kann ich denn deinen Vater finden?"
Darauf der Bub: „Im Schweinestall. Sie erkennen ihn an seinem karierten Hemd."

In der Polizisten-Schule

Wie man wohl ohne Gewalt eine größere Ansammlung von Menschen zerstreuen könne, werden die jungen Polizisten gefragt.
Meldet sich einer und sagt: „Da ist gar nichts dabei. Sie nehmen eine Sammelbüchse und fangen an zu sammeln."

Beim Freund

Weinend kommt Alex zu seinem Freund Willi gelaufen.
„Was ist denn los, Alex?"
„Ach, Mensch! Mein Vater hat sich beim Bilderaufhängen mit dem Hammer auf die Finger gehauen ..."
„Na und? Deswegen brauchst du doch nicht zu heulen!"
„Hab ich ja zuerst auch nicht, da hab ich gelacht."

Im Badezimmer

Linda hält ihren Stoffteddy unter die Dusche. Als er ganz pitschnass ist, steckt sie ihn in den Gefrierschrank.
Die Mutter sieht es und ist entsetzt.
Linda erklärt: „Weißt du, Mutti, ich wünsch mir doch schon so lange einen richtigen Eisbären!"

Im Blumenladen

„Darf ich die Blumen ausnahmsweise morgen bezahlen?", fragt die Kundin. Antwort des Geschäftsinhabers: „Ja, gnä' Frau, gern! Nur würde ich Ihnen empfehlen, noch einen kleinen Strauß Vergissmeinnicht mitzunehmen."

Im Restaurant

Der Gast sitzt am Tisch und liest die Speisekarte. Der junge Kellner wartet auf die Bestellung und steht nervös daneben. Da fängt der Gast an. „Ich schwanke noch zwischen saurer Niere und geschnittener Lunge ..."
„Da sind Sie hier falsch, mein Herr", fährt der Kellner dazwischen. „Wir sind ein Restaurant und kein Krankenhaus!"

Im Tanzlokal

Junger Mann zu seiner Partnerin: „Ob du's glaubst oder nicht, aber den Walzer habe ich aus dem Buch ‚So tanzt du richtig' gelernt."
Sagt die junge Dame: „Das merkt man. Du tanzt wahrscheinlich sämtliche Druckfehler mit."

Auf dem Rummelplatz

Erster Karussellbesitzer: „Wohin gehen Sie dieses Jahr auf Urlaub?"
Zweiter Karussellbesitzer: „Am liebsten mal geradeaus."

Auf dem Reiterhof

Ein Mann sammelt schon eine ganze Weile Pferdeäpfel ein.
„Was machen Sie denn damit?", will ein kleiner Junge wissen.
Sagt der Mann: „Die gebe ich zu den Erdbeeren."
Sagt der Junge: „Aha, mal was anderes als Schlagsahne!"

Am Heiligen Abend

„Zünde bitte den Christbaum an, Felix!",
sagt der Vater.
Es vergeht eine Weile.
Felix geht auf Vater zu und fragt dann:
„Papi, auch die Kerzen?"

Beim Lesen

„Wenn ich ein Buch von Karl May lese, bin ich jedes Mal gefesselt", sagt Thomas zu seinem Freund.
„Stört dich das denn nicht beim Umblättern?", fragt dieser ihn.

Im Treppenhaus

Ein Schrei. Ein Sturz. Gepolter.
„Hast du gehört, Mama? Ich glaub, jetzt hat Papa endlich meinen zweiten Rollschuh gefunden!"

Hans Gärtner wurde 1939 in Reichenberg/Nordböhmen geboren. Seit seiner Kindheit wohnt er in Oberbayern. Er war Volksschullehrer, promovierte nach einem Zweitstudium zum Dr. phil. und arbeitete danach viele Jahre als Professor für Grundschulpädagogik in Eichstätt. Seine Arbeitsschwerpunkte sind Leseerziehung und Kinderliteratur.

Dorothea Tust, 1956 geboren, studierte Grafikdesign mit dem Schwerpunkt Illustration. Seit 1980 ist sie freiberuflich als Illustratorin für verschiedene Verlage tätig. Sie arbeitet außerdem an Trickfilmprojekten und hat schon über 50 Bildergeschichten für „Die Sendung mit der Maus" gemacht. Aus ihrer Zeichenfeder stammen auch die Illustrationen zu den *Leselöwen-Freundschaftsgeschichten*.

Die 4. Stufe der Loewe Leseleiter

Bereits seit mehreren Jahrzehnten führen die Leselöwen Millionen von jungen Lesern mit Spaß zum Lesen. Die vielen abgeschlossenen Geschichten sind durch eine klare Gestaltung einfach zu lesen, sodass die Lesemotivation erhalten bleibt und die Lust aufs Weiterlesen gestärkt wird. So werden aus Leseanfängern stufenweise kompetente Leser.